Sommaire

p.2-3 : Préface

p.4-6 : Chapitre 1 : de la passion contemplative à la mise en pratique

p.7-8 : Chapitre 2 : quelques prérequis de base

p.9-10 : Chapitre 3 : quelques notions essentielles de SEO

p.11-15 : Chapitre 4 : les éléments structurels d'un article de blog

p.16-17 : Chapitre 5 : les spécificités de la rédaction web

p.18-20 : Chapitre 6 : comment aborder la rédaction web ?

p.21-24 : Chapitre 7 : optimisation ou l'importance de la recherche de mots-clés

p.25-32 : Chapitre 8 : adopter des méthodes rédactionnelles

p.33-35 : Chapitre 9 : créer des contenus : quelques principes à suivre

p.36-37 : Chapitre 10 : l'intégration des articles de blog

p.38-40 : Chapitre 11 : comment attirer des lecteurs ?
p.40-41 : Chapitre 12 : entraînez-vous !
p.42-43 : Quelques outils utiles

Préface

S'il est un fait qui paraît évident, c'est que l'écriture s'est démocratisée. Chacun peut exprimer son point de vue, sous la forme de commentaire, de post sur un réseau social divers ou en écrivant des articles de blog.
Être édité n'est plus réservé à une élite d'intellectuels ou d'écrivains…, talentueux, certes, mais appartenant à une caste difficile à atteindre.
Les blogs personnels et les blogs professionnels se comptent par millions. Et les experts reconnus (ou non) n'hésitent plus à rédiger des livres ou ebooks pour partager leur expérience avec le plus grand nombre.

Je ne peux que comprendre cet engouement pour la rédaction, car j'en suis moi-même touchée.
De lectrice assidue, je suis passée à rédactrice web professionnelle, car le monde des mots constitue un univers dans lequel je me sens bien.
Je suis autodidacte. J'ai travaillé d'arrache-pied pour faire de ma passion une activité.

Je me suis formée progressivement, au fur et à mesure de mon expérience, en collaborant avec des professionnels de la rédaction, de l'édition, du web, des blogueurs, des journalistes, des chefs de projets, des infographistes, des webdesigners, des imprimeurs....

Il est temps que je partage mes connaissances avec des personnes qui souhaitent faire comme moi.

Chapitre 1 : de la passion contemplative à la mise en pratique

Comme je l'ai déjà évoqué, j'ai d'abord été une grande lectrice, avant de sauter le pas vers l'écriture. J'ai lu avec passion et acharnement, de nombreux ouvrages, de l'époque où j'ai appris à lire, jusqu'à ce que j'entre dans la vie active après mes études.
Avec le travail, le temps a commencé à me manquer. Je me suis mise à lire quelques livres par mois, puis par an. À ce jour, je lis plus pour me former que pour me plonger dans un bon polar, une romance ou une dystopie (le genre du moment). Je lis quand même un roman dès que j'en ai la possibilité.

Je travaillais, mais je m'ennuyais considérablement, je ressentais un manque de quelque chose sans réussir à mettre le doigt dessus. En grande fan de musique et de chansons que je suis (et reste), il m'arrivait de penser, parfois à de longues phrases expressives.
Je ne les notais jamais. Pourtant, je me disais : "cela ferait un super texte, quand même".
Je n'avais pas compris que l'envie et le besoin d'écrire me titillaient. C'était en 2003.

Il m'a fallu encore trois ans avant de me lancer dans le monde de l'écriture. Après être devenue maman et m'être séparée du père de mon enfant, j'avais envie de changer de vie.

J'ai arrêté de travailler pour m'occuper de mon fils et ma situation financière est devenue précaire. Toutefois, comme j'ai toujours été active, j'ai vu l'opportunité de mettre mes envies en avant. Je souhaitais me réaliser pleinement.

J'ai donc fait un bilan professionnel et sans réelle surprise, ce dernier a révélé mes capacités rédactionnelles.

Recherches documentaires, rédaction de mémoires ou d'exposés ont jalonné ma vie étudiante. Pour trouver un point d'ancrage à ma future activité, j'ai recherché les métiers compatibles avec ces capacités. Le métier d'écrivain public est ressorti.

J'ai opté pour une formation à distance afin de me former à ce métier.

Avec le recul, je me rends compte que j'ai pris pas mal de risques. J'avais un budget serré et ma formation représentait un coût certain. Mais on a rien sans rien. Je me serrais la ceinture et ne pensais qu'à l'objectif final.

J'ai toujours été comme cela. Je crois en mes capacités et mes possibilités. Lorsque je décide de mettre le pied dans un projet, je jette toutes mes forces dans la bataille.

Ma formation a duré un an et j'avoue que cela n'a pas été de tout repos. Je travaillais surtout lorsque mon fils faisait la sieste (il dormait beaucoup, heureusement pour moi !). Je dormais peu.
J'ai appris à rédiger des articles, des rapports, des courriers administratifs, des nouvelles…
Ma soeur cadette (elle a un an de moins que moi), m'a apporté beaucoup d'aide. Elle m'a encouragée, supportée pendant des années. Elle est restée présente lorsque j'avais besoin de m'épancher, de parler, de rigoler pour oublier les difficultés à surmonter. Je l'associe toujours à la réussite de mon projet, aujourd'hui. Sans elle, je n'aurais rien pu faire. Le soutien des proches est important, dans ce genre de projet.

Car lorsqu'on se lance dans l'écriture, il faut avoir conscience que cela ne paiera pas forcément dès le départ. C'est un peu moins vrai aujourd'hui, alors que les rédacteurs web et community managers sont très demandés. C'est un fait dont j'avais conscience, pour ma part.

Enfin voilà, le fait est que j'ai terminé ma formation en 2007, que j'ai rédigé des articles quelques mois pour un journal en tant que correspondante de presse, géré la communication d'une petite commune pendant trois ans, puis que je me suis lancée en freelance. En fait, je me suis mise à mon compte en 2008, mais j'ai commencé à réellement décrocher des contrats en 2010-2011. J'ai cumulé plusieurs fonctions pendant quelques temps, car je voulais absolument devenir journaliste de presse écrite.

J'ai découvert la rédaction web en 2011. En fait, je me suis engagée logiquement dans cette voie. J'ai rédigé des textes par-ci, par-là sans avoir été formée pour, pendant quelques années.

Je suis passée par les plateformes de rédaction, qui m'ont aidée à me perfectionner. Et lorsque j'ai perçu mes premiers euros pour écrire des textes, j'ai eu l'impression de toucher le ciel. J'ai commencé à mieux gagner ma vie. Mes textes sont parus dans de grands magazines français, mon nom était cité en tant que rédactrice. Une véritable reconnaissance pour moi.

Cela nous mène à 2014, année au cours de laquelle, j'ai décidé de me former à la rédaction web. J'avais tout appris sur le terrain à ce moment de ma vie. En plus de ma formation d'écrivain public. J'ai suivi une formation web dans une école de journalisme. Et là, j'ai pris conscience que je rédigeais de manière intuitive jusqu'à ce moment. J'avais fait mes débuts en rédigeant des articles de presse écrite et j'avais conservé à peu près les mêmes méthodes de rédaction jusqu'ici. Pour les guides santé (destinés au web) dont on m'avait confié la rédaction, vers 2011-2013, j'avais suivi les directives transmises.

Cette formation m'a fait prendre conscience que rédiger pour le web faisait appel à un savoir-faire spécifique. Qu'il y avait une méthodologie associée et que se former était indispensable.

J'avoue, cette période coïncide également avec une période de creux, au niveau de mon entreprise. Je ne trouvais plus de clients. Je me rendais compte que mon offre de services ne correspondait plus au terrain.

J'ai réussi à gagner de quoi vivre tant bien que mal. Cela a fonctionné jusqu'à l'été 2015, à peu près. Puis une autre période de creux a commencé. Avec une entreprise au point mort, total.
Je me suis dit qu'il fallait reprendre le chemin de la formation. Wordpress avait fait son apparition, ainsi que pas mal de CMS (j'explique ce terme plus tard, dans cet ebook, pour les débutants) et je ne maîtrisais pas du tout l'intégration d'articles. Je ne rédigeais que peu d'articles pour les blogs.
Je me suis formée à nouveau, sur Wordpress principalement, que j'ai découvert avec surprise.

Après cela, la gestion de mon business a pris une autre ampleur. J'avais acquis de nouvelles compétences utiles que je pouvais mettre aux services de mes clients. Je n'étais plus à la traîne et j'avais réactualisé mes compétences de rédactrice web.

Poster des articles de blogs a été une véritable révélation. J'ai appris à gérer le système de management de contenu (CMS) Wordpress et je me suis beaucoup amusée au cours de cette aventure.
J'ai tellement aimé cela, que j'ai décidé de me spécialiser dans la rédaction d'articles de blogs depuis cette époque. Cela fait 6 ans que je blogue. À tel point que j'ai créé mon propre blog en 2018 (que je n'ai pas vraiment le temps d'actualiser) et que je compte en créer de nouveaux, à l'instant où j'écris ces mots.

Pourquoi j'en suis arrivé à rédiger un ebook sur la rédaction d'articles de blogs, aujourd'hui ?

C'est parce qu'au fur et à mesure des articles que je postais, de mes nouvelles collaborations et des années qui sont passées depuis, l'envie de transmettre ce savoir-faire acquis, à des débutants et non-débutants s'est imposée, petit à petit.
Je ressens le besoin de partager ce que j'ai intégré, au fil des ans, parce qu'écrire des articles destinés aux blogs est amusant, épanouissant et à la portée de chacun.

Je vous ai raconté mon histoire (c'était un peu long, j'en conviens !) pour vous démontrer que ce n'est pas un monde inaccessible. Il faut simplement arrêter d'envisager de le faire, arrêter de rêver de passer à l'action et AGIR, tout simplement !

Ce n'est pas si compliqué lorsque l'on maîtrise les bases de la rédaction web et que l'on s'exerce régulièrement. Vous allez rapidement vous en rendre compte en lisant ces pages.

Ce tour d'horizon étant réalisé, je vous propose d'entrer dans le vif du sujet !

Chapitre 2 : quelques prérequis de base

Si vous ne maîtrisez ni l'orthographe, ni la grammaire et la conjugaison, je vous déconseille de vous lancer dans la rédaction. Il faut tout de même avoir une certaine maîtrise de ces sujets pour être efficace et cet ebook n'a pas pour objectif de tout vous apprendre depuis le départ. Ce serait bien trop long et contre-productif.

Maîtriser l'usage des mots est un impératif. Il faut, pour commencer, savoir écrire en faisant un minimum de fautes et en maîtrisant les règles de grammaire, ainsi que les règles d'exception (qui sont nombreuses au sein de la langue française).

Si vous n'êtes pas familier avec tous ces points, je vous suggère de revoir les bases de notre langue.

Fort heureusement, de nombreux outils peuvent vous venir en aide. Je vous conseille d'investir dans un Bescherelle, un dictionnaire classique, un dictionnaire de synonymes également, pour vous appuyer, lorsque vous doutez d'un mot, de la terminaison d'un mot, du pluriel d'une expression, ou cherchez à ne pas être trop répétitif dans un texte, par exemple.

Sachez, de plus, que pour être efficient, en matière de rédaction, vous pouvez utiliser un correcteur orthographique disponible sur le net ou faire appel à un correcteur, si vous êtes perfectionniste. En effet, poster des articles remplis de fautes peut vous porter préjudice. Il vaut mieux être rigoureux sur ce point. Je vous présenterais quelques ressources, en fin d'ouvrage, pour vous aider dans cette tâche.

Vous devez également maîtriser les règles typographiques de base pour rédiger correctement :
- laisser un espace après une virgule, après un point,
- laisser un espace avant et après deux points, un point-virgule,
- aller à la ligne lorsque vous changez de paragraphe….

Pour ma part, j'ai appris ces règles lorsque j'ai réalisé ma première formation et lorsque j'ai rédigé des articles de presse. J'ai été supervisée par des journalistes. Cela aide certainement.

Internet peut être d'un grand secours sur ce point essentiel. Wordpress, notamment, vous propose un récapitulatif des règles typographiques. Vous aurez besoin de les conserver à proximité, lorsque vous écrirez vos premiers articles.

Enfin, avoir brillé en dictée ne suffit pas à rédiger des textes de qualité. Et ce sont ces textes, articles, billets d'humeur…, dont les algorithmes de Google sont friands pour classer vos articles de blogs parmi les premières pages de recherches. Conservez cette information dans un coin de votre tête.

Que vous souhaitiez tenir un blog afin de présenter vos passions ou pour présenter votre business, l'approche reste la même, en matière de rédaction ! Rédiger des articles de blogs attractifs est à votre portée !

Chapitre 3 : Quelques notions essentielles de SEO

Petite précision : je ne suis pas une grande experte en SEO. Je vous livre, dans cet ebook, des méthodes et techniques de rédaction SEO apprises suite à mes collaborations successives avec des agences de communication et des chefs de projet. J'ai également suivi une formation rédaction web. Toutefois, ce milieu est évolutif. De nouveaux outils apparaissent chaque jour et il faut sans cesse actualiser ses connaissances dans ce domaine.

Pour rédiger un article de blog efficace et percutant, il est impératif de connaître des notions de base du SEO. Elles régissent le référencement naturel de votre article et assurent son classement au niveau des premières pages des moteurs de recherche, si vous les appliquez correctement.

Je n'aborderais pas le référencement payant (SEA), plus utilisé dans une optique marketing, dans cet ebook. Il est d'abord important d'appréhender l'univers du référencement naturel, au préalable.

Le terme SEO constitue l'abréviation du terme anglais Search Engine Optimization qui définit l'optimisation réalisée pour les moteurs de recherche. Ce référencement naturel est gratuit et facile à mettre en place, bien qu'il implique un travail certain. Il faut savoir également que ce référencement prend du temps à mettre en place. Le web est constamment parcouru par des robots d'indexation qui décryptent les pages/sites internet et blogs mis en ligne.

En plaçant stratégiquement les mots-clés correspondant à votre thématique, en optimisant les visuels associés à vos articles, en bénéficiant de backlinks (liens externes pointant vers votre site) et en produisant du contenu de qualité, qui attire les internautes, vous classerez vos articles en top page des moteurs de recherche (Google, Bing, Yahoo…). Notez que Google attire la majorité du trafic vers votre blog, étant donné qu'il domine le marché des moteurs de recherche.

La qualité de votre contenu est essentielle pour vous constituer une base solide de lecteurs.

L'expérience utilisateur entre en ligne de compte, en matière en référencement. En effet, les moteurs de recherche et notamment Google, prennent en compte le temps que les internautes passent sur votre blog et le nombre d'articles ou de pages vues. Plus vous êtes lu, plus il existe de sites qualitatifs qui effectuent des liens vers vos articles, meilleur est votre référencement. Tout cela demande un minimum d'exigence.
Il existe de nombreux articles et ouvrages dédiés au sujet. Il est donc aisé de se renseigner plus avant.

Vous avez envie de créer un blog, de poster des articles régulièrement ? Pour cela, il faut évidemment écrire des articles SEO friendly ! Il n'y a rien de très compliqué, mais il faut tout de même respecter certaines étapes cruciales.

Rassurez-vous ! Je vous livre les principales informations à maîtriser pour rédiger des articles de blogs. Prêt ? Alors, c'est parti !

Chapitre 4 : les éléments structurels d'un article de blog

Un article de blog, qu'il soit court ou long, suit une structure particulière. Il est constitué de différentes parties, que l'on doit retrouver, quels que soient les sujets.

Le titre

Le titre est la première chose qu'un internaute voit. Il doit donc être accrocheur et donner envie de lire l'article. L'une des solutions pour qu'il soit accrocheur, est de le formuler sous forme de question. En effet, l'internaute rédige fréquemment sa requête sous forme de question. Vous avez donc plus de chance de répondre à sa problématique, en formulant votre titre sous cette forme.

Le titre principal est présenté sous forme de balise H1. La balise title correspond au titre qui apparaît en ligne.

Exemples de titres d'articles web/de blog :

\<h1\>Alimentation anti-stress : quels aliments privilégier pour lutter contre le stress\</h1\>

\<h1\>Comparatif smartphone : les dix meilleurs téléphones mobiles 2017\</h1\>

\<h1\>Acupuncture : intérêts et applications\</h1\>

Les intertitres

Votre article doit être attirant, impactant et suffisamment informatif pour attirer les lecteurs potentiels.

Pour que votre article ne soit pas indigeste, il doit être structuré en sous-parties. L'intégration d'intertitres, aussi appelés sous-titres, permet d'améliorer la présentation de votre texte.

Ces derniers mettent en valeur les parties abordées dans votre article. Le lecteur peut donc aborder directement la partie qui lui convient le plus.

Les intertitres ont pour but de "couper la lecture". Ils offrent des moments de pause, afin que la lecture du contenu soit plus agréable. En effet, personne n'aime lire de gros pavés, encore moins sur un support numérique.

Les intertitres, tout comme les titres, doivent être explicites et accrocheurs. Pour qu'ils le soient, l'une des techniques préconisées est de mettre en avant l'idée générale qui est communiquée dans le paragraphe.

Un intertitre/sous-titre est signifié par une balise H2 ou H3. Les sous-parties peuvent également être divisées en sous-parties pouvant aller jusqu'à H6.

La rédaction associée aux balises Hn constitue les rudiments de la rédaction html.

L'importance des images et des vidéos

Un article qui ne possède pas de photos, d'images ou autres visuels ne donne pas envie d'être lu.

Bien évidemment, tout dépend du sujet que le rédacteur aborde. Mais si le sujet le permet, il ne faut pas hésiter à ajouter des images et des vidéos. Toutefois, il faut s'en servir avec parcimonie et les intégrer de manière harmonieuse au sein de votre article. Vous apprendrez rapidement à le faire, en pratiquant.

À noter : il ne faut pas oublier d'optimiser son contenu. En effet, il existe des logiciels qui permettent de réduire la taille des images, ce qui permet à la page web de ne pas être ralentie. Concernant les vidéos, il suffit de ne pas les mettre en haute définition.

Légende : les visuels donnent plus d'impact à vos articles de blogs. Ils contribuent à renforcer l'attractivité de ces derniers.

En ce qui me concerne, je suis très sélective au niveau des visuels. Il n'est pas rare que j'en recherche pendant une à deux heures, parfois, afin de sélectionner ceux qui correspondent le mieux aux sujets abordés.

Les mots-clés

C'est l'un des éléments qu'il ne faut pas négliger dans la rédaction de votre article. En effet, les mots-clés sont un ensemble de mots en rapport avec votre sujet. C'est grâce à eux que vous pouvez être bien référencé, mais également que les internautes trouvent votre article. Ils correspondent aux mots, expressions que l'internaute tape dans la barre de recherche de son moteur de recherche de prédilection : Google, Yahoo, Bing...

Pour cette recherche de mots-clés, il vous suffit d'utiliser des logiciels dédiés à cet effet. Il en existe une multitude, gratuits ou payants. Néanmoins, si vous ne souhaitez pas investir de l'argent, vous pouvez utiliser la barre de recherche de Google, l'outil de planificateur de mots-clés de Google Ads, Yooda Insight ou encore Ubersuggest, qui sont très bien conçus. Les spécialistes en marketing privilégient SemRush.

Les outils sont mouvants, sur le net, et il n'est pas rare que des produits gratuits deviennent payants s'ils sont plébiscités par de nombreux utilisateurs.

Les balises méta

La méta description et la balise title (ou balise titre) sont des éléments liés à l'intégration de votre article dans votre CMS. Lorsque vous venez de rédiger votre article, vous avez trois éléments à remplir pour que ce dernier soit correctement référencé :

- Une balise titre : ce titre est distinct de celui de l'article. Et c'est pourtant cette balise qui apparaît en ligne, en titre de présentation de votre article. Elle doit contenir environ 60 caractères. Dans un CMS comme Worpress, le logiciel vous indique si votre titre est trop long ou trop court. Pour être correctement référencé, il vous suffit de le remodeler.

- Une méta description : il s'agit de quelques mots, en général, deux phrases, qui caractérisent votre article (environ 150 caractères). Elle doit être incitative et donner envie aux lecteurs de cliquer sur le lien qui mène vers votre article. Là également, votre CMS vous indique si cette dernière est trop longue ou trop courte.

- Les mots-clés : il s'agit des mots-clés principaux et secondaires liés au sujet abordé dans votre contenu. Vous devez les insérer stratégiquement, au sein de votre article, afin que Google puisse référencer ce dernier sur le net.

Les balises Hn

Les balises Hn sont également des éléments que vous retrouvez dans votre CMS. Elles concernent la présentation des titres, ainsi que des sous-titres liés à votre article, comme nous l'avons vu plus haut.

Votre titre principal est notifié en H1, et les sous-titres vont d'H2 jusqu'à H6. Ces balises permettent, à Google, de comprendre que vous avez mis plusieurs titres et intertitres dans votre article. C'est également un élément de référencement. Vous pouvez y insérer des mots-clés.

Les backlinks ou liens entrants

Les backlinks sont des liens réalisés à partir d'un site, qui renvoient sur votre article de blog ou site. Il ne faut pas sous-estimer leur impact en matière de référencement. Plus ils sont qualitatifs (c'est-à-dire provenant de sites reconnus et bien référencés également), plus ils contribuent à améliorer votre référencement naturel.

Bien évidemment, il faut faire attention : tous les sites ne sont pas forcément qualitatifs. Pour un bon référencement, le site qui vous nomme ne doit pas se contenter de livrer du contenu indigeste. Pour vérifier cela, vous pouvez vous servir du logiciel Ahrefs. Il vous donnera vos backlinks ainsi que votre rang, sur Google.

Les liens hypertextes

Il est recommandé d'effectuer des liens vers d'autres sites abordant les mêmes sujets que ceux exploités dans votre blog. Ces liens permettent aux robots d'indexation de mieux classer vos articles, en fonction de leur thématique. Ils ont également pour intérêt de proposer un complément d'information à vos lecteurs. Pour effectuer ces liens, vous devez sélectionner un mot ou groupe de mots faisant le lien vers l'article. Vous copiez-collez ensuite le lien vers l'article sur ce/ces groupe(s) de mots. Ces liens cliquables sont nommés liens hypertextes.

Vous pouvez insérer des liens hypertextes, pointant vers du contenu que vous avez préalablement rédigé, soit d'anciens articles de blogs.

C'est une technique simple pour soumettre vos anciens contenus à vos lecteurs, en vous servant de vos propres contenus.

Le point sur le droit à l'image

La liberté d'exploiter ou non une image n'est pas une évidence Même s'il existe des règles strictes en la matière, la jurisprudence est pratiquement la seule à faire office de loi. Pour pouvoir exploiter des visuels des images, au sein de vos articles de blogs, vous devez connaître les principales règles de législation en vigueur.

Qu'est-ce que le droit à l'image ?

Le droit à l'image désigne la capacité juridique dont dispose une personne pour l'exploitation d'une production visuelle. Ce type de droit prend en compte aussi bien le droit à utiliser l'image des personnes que le droit sur la propriété intellectuelle. Il a pour but de protéger les individus tout en offrant une certaine possibilité d'action aux structures telles que les médias du web.

Comment un visuel peut-il être protégé par le droit à l'image ?

Les exploitations des contenus peuvent porter préjudice à une personne ou à ses droits d'auteur. C'est pourquoi il est important de veiller, pour les différents besoins, à utiliser des productions libres de droits. À titre d'exemple, l'exploitation de visuels pris dans un lieu privé est interdite et assujettie aux conditions du propriétaire.

Cette règle est par exemple la réponse au fait qu'il est impossible de prendre des photos à certains endroits dans les musées et lieux privés. Le risque sur internet est de se retrouver en présence d'une banque inestimable de données visuelles qui semblent à première vue libres d'accès. Il est vital de faire attention à ne recourir qu'aux contenus non protégés par le droit à l'image.

Comment s'y prendre pour exploiter une image sans crainte ?

Il existe sur internet plusieurs banques d'images gratuites

qui offrent la possibilité d'exploiter des contenus visuels sans crainte. Ce sont des images libres de droits gratuites ou payantes, auxquelles il est facile de recourir pour illustrer aussi bien des productions web que des articles de blogs. Cette option demeure la plus prisée. À défaut d'opter pour ces images disponibles sur des sites web tels qu'Adobe Stock (ex-Fotolia) ou Pixabay, il est possible de recourir à d'autres alternatives ou astuces. Vous pouvez :

- Utiliser un visuel non soumis au droit d'auteur et qui ne présente pas de personne identifiable

- Faire appel à Google Image pour filtrer les contenus selon leurs licences.

- Contacter l'auteur de la photo concernée ou l'image et lui demander son autorisation écrite et signée. Vous devez également créditer cette dernière en précisant les noms et prénoms de l'auteur en légende de la photo ou de l'image.

- Vous pouvez créer vos propres visuels

Chapitre 5 : les spécificités de la rédaction web

Tout d'abord, vous devez savoir que la rédaction web diffère de la rédaction print. Dans quelle mesure ces deux rédactions se distinguent-elles ? Cela tient à trois points précis :

Elles sont destinées à deux supports différents

La principale différence entre la rédaction web et la rédaction print, c'est qu'elles ne sont pas adaptées aux mêmes supports.

La rédaction web vise à produire du contenu pour internet, c'est-à-dire, adaptée aux habitudes de navigation des internautes. La rédaction print consiste à écrire pour des supports papiers : presse écrite, presse magazine...

Comme pour le papier, il existe diverses techniques de rédaction web. On n'écrit pas de la même façon lorsque l'on souhaite rédiger des articles de blog ou lorsque l'on a la charge de rédiger des fiches-produits pour des boutiques en ligne. Ces pages web ont tout de même besoin d'être optimisées SEO.

Pas les mêmes implications

Il existe une différence d'implication entre ces deux types de rédaction. Cela signifie que les personnes ne fournissent pas le même effort pour lire un article web ou un article print.

Ce qui est rédigé sur internet est à la portée d'une majorité de personnes. Une simple recherche internet met à votre disposition des millions de contenus. Ce qui facilite l'accès à l'information.

Alors que ce qui paraît sur papier, n'est pas immédiatement à la portée de tous. Pour lire du contenu print, il faut l'acheter, l'emprunter…

Différents objectifs à atteindre

La troisième différence dont il est question ici, c'est celle des objectifs portés par chacun des modes de rédaction.

La rédaction print est une rédaction qui a, la plupart du temps, vocation à informer, à partager des informations.

Alors que la rédaction web peut avoir le même objectif, mais elle vise également à pousser son lecteur à l'action : acheter un produit, cliquer sur un lien, télécharger un document...

Forcément, ces différences mènent à une importante disparité dans les règles de rédaction à suivre.

Il faut adapter votre manière d'écrire aux habitudes de lecture des internautes.

Chapitre 6 : comment aborder la rédaction web ?

Creusons encore un peu le sujet, afin que vous maîtrisiez, au mieux, ce domaine.

La structure d'un article

Écrire un article pour le web, ce n'est pas la même chose qu'écrire un article pour un journal. En effet, là encore, la notion de structure est essentielle.

Dans un premier temps, il faut rédiger une introduction, avec un chapô. Ce dernier correspond à la présentation de votre article. Le chapô doit présenter et résumer le sujet de manière simple et claire. Il constitue une étape cruciale, en termes de rédaction d'article web/de blog, car sa fonction est d'accrocher le lecteur dès les premiers mots.

Dans un second temps, il faut penser le contenu. Lorsqu'un rédacteur écrit un article, il doit choisir un angle ; c'est-à-dire l'aspect sous lequel l'article est abordé. En effet, un article ne contiendra pas le même contenu si vous évoquez le sujet sur un plan financier, politique ou sociologique. Cet aspect de la rédaction est commun avec ceux de la rédaction journalistique.

Si votre sujet est : "La Mode à travers les âges", le traitement de l'article diffère si votre angle est :

- les apports financiers de la Mode

- l'impact de la Mode sur la société en fonction des époques

- les codes vestimentaires distinguant les classes sociales...

Ces divers aspects du sujet constituent des angles d'approche différents.

Le rédacteur doit conserver l'angle de l'article en ligne de mire, en cours de travail. S'il change soudainement d'angle, le lecteur peut se retrouver perdu et ne pas comprendre le sujet en profondeur. De plus, il ne faut pas oublier la problématique d'un article. Avant la fin de ce dernier, l'internaute doit avoir une réponse à sa question.

Dans un dernier temps, il faut penser à conclure l'article. En effet, après avoir développé plusieurs paragraphes, votre article ne doit pas se terminer sur une impression d'inachevé. Il faut donc prendre le temps de conclure son article. Une ouverture est vivement conseillée.

Cela fait un lien entre le sujet et un autre sujet, ce qui plaît aux lecteurs. Les encourager à commenter, partager l'article permet d'assurer un lien avec eux. Vous avez la possibilité d'utiliser une phrase incitative pour suggérer ces actions à vos lecteurs en beauté :

"N'hésitez pas à liker, commenter ou partager cet article sur vos réseaux sociaux !"

Cela ne vous rappelle rien ? Vous avez souvent dû lire ce genre de phrase en parcourant des articles postés sur le net. Il faut être créatif et en varier la forme à chaque fin d'article.

Les règles des moteurs de recherche

Un rédacteur web, lorsqu'il rédige du contenu destiné à internet, met tout en oeuvre pour atteindre les premiers résultats du moteur de recherche et donc pour être lu le plus possible. Pour cela, le contenu doit être à la hauteur des demandes du moteur de recherche en question.

Il doit donc répondre à un certain nombre de règles qui, si elles sont adaptées, permettent à l'article d'accéder au top 10 des résultats internet. C'est essentiel pour être connu puisque la majorité des internautes ne vont pas plus loin que la première page des résultats internet. Il est important que vous gardiez à l'esprit qu'il y a une énorme quantité d'articles qui évoquent le même sujet que vous et dont il faut vous démarquer.

Adapter la lecture aux tablettes et aux smartphones

Les supports de lecture virtuelle sont de plus en plus variés, il faut être capable de s'adapter à eux pour augmenter son panel de lecteurs. Pour cela, il faut être capable d'adapter la lecture de votre contenu aux mobiles et aux tablettes.

À titre d'exemple, une personne qui fait une recherche sur son téléphone souhaite obtenir une réponse rapidement. Il faut donc hiérarchiser votre contenu pour que les informations utiles se trouvent en haut de votre page et que l'article ne s'éternise pas.

Pour répondre à ces spécificités, voici une brève idée des choses à mettre en place pour satisfaire à la fois les moteurs de recherche (et gagner des places sur le podium) et vos lecteurs. Comme tous les spécialistes SEO le précisent, vous rédigez avant tout pour des humains.

Répondre à la problématique de vos lecteurs

Si les lecteurs trouvent votre blog et lisent vos articles, c'est parce qu'ils ont, soit un problème à résoudre, soit besoin d'un produit que vous vendez, soit des questions au sujet d'un thème précis. Si vous ne répondez pas à leurs problématiques, au cours de votre rédaction, vous risquez de les perdre. Vos articles de blogs, quelle que soit la thématique choisie doivent fournir des réponses concrètes, simples, compréhensibles et faciles à mettre en place.

Précision : pour écrire un article SEO, il faut effectuer des recherches documentaires et bien comprendre de quoi on parle, afin de le retransmettre de manière simple et intelligible aux lecteurs..

En effet, il ne suffit pas de rédiger ce que l'on souhaite et le mettre en ligne pour faire un carton. Il faut conjuguer l'art et la manière de faire. Si la rédaction d'un article de blog est importante, son optimisation, son intégration et l'agencement des éléments visuels qui y sont associés contribuent à assurer un bon accueil du public cible. Google évalue également votre expertise dans le domaine que vous abordez. C'est encore plus vrai si vous abordez des sujets techniques ou scientifiques, par exemple. Vos diplômes et compétences en la matière sont des gages de cette expertise.

L'écriture pyramidale

Pour être apprécié, le contenu d'une page web doit être percutant. Il doit capter l'internaute rapidement, car c'est un lecteur volatile. S'il ne trouve pas ce qu'il cherche rapidement, il quittera votre page aussi vite qu'il est arrivé. Il faut donc très vite attirer son attention. Pour cela, les rédacteurs web appliquent la rédaction pyramidale.

Cela consiste à hiérarchiser les informations livrées dans votre article de blog. Soit, suivre cet ordre :

- rédiger un titre percutant et optimisé de préférence,

- rédiger le chapô (résumé de votre article),

- en cours de rédaction, répondre aux questions du lecteur : qui, quoi, où, quand, pourquoi ?

- une partie qui répond à : comment et combien ? Éventuellement, une partie avec les informations supplémentaires.

- Ces deux derniers points reprennent la règle des 5W (Who/Qui, What/Quoi, Where/Où, When/Quand,Why/Pourquoi) et des 2H (How/Comment, How many/Combien) empruntée aux règles de rédaction journalistique.

La longueur d'un article de blog est un sujet souvent remis en question. Google est friand de contenus longs.

Il est préconisé de rédiger des articles de 1 000 mots, voire 2 000 mots.

Toutefois, les contenus courts (de 300 mots ou 600 mots) peuvent côtoyer les contenus plus longs, sans que cela impacte le référencement de ces derniers. Vous pouvez également privilégier les articles très longs (3 000 à 4 000 mots ou plus), si votre sujet s'y prête.

Chapitre 7 : Optimisation ou l'importance de la recherche de mots-clés

Pour plaire aux moteurs de recherches, vous devez leur fournir de la matière à juger. Pour cela, votre article doit comprendre tous les éléments structurels que nous avons décrits en première partie.

Ces éléments participent à l'optimisation de votre article de blog, en exploitant les règles SEO (Search Engine Optimization), que j'ai également décrites dans les paragraphes précédents. Si je cite à nouveau cette caractéristique essentielle de la rédaction web, c'est qu'elle fait partie du "nerf de la guerre".

Pour rappel, cela consiste à inclure des mots-clés, pour correspondre aux recherches des internautes. Et à nourrir votre contenu avec de la sémantique, c'est-à-dire des mots en rapport avec votre sujet (notamment des mots-clés secondaires) pour orienter les moteurs de recherche vers le sujet de votre article.

Pour assurer un meilleur référencement à votre article, la recherche de mots-clés convenables est un processus inéluctable. L'optimisation de mots-clés doit se faire de façon intelligente, afin de placer votre article en top position dans les résultats des moteurs de recherche.

Préalables au choix des mots-clés

Avant de procéder au choix proprement dit, il est important de définir les principaux mots-clés sur lesquels on cherche à se positionner. Pour ce faire, le rédacteur peut créer un fichier Word ou Excel, intitulé « mots-clés prioritaires », ce fichier contiendra une liste d'environ une dizaine de mots-clés considérés comme les plus importants.

Leur importance réside, en fait dans leur capacité à cibler le référencement. Autrement dit, à attirer le trafic vers votre blog.

Cette importance est caractérisée par le nombre de recherches associées. Chaque mot-clé principal peut être décliné en mots-clés secondaires. En fait, ces derniers permettent aux moteurs de recherche, notamment Google, de relier le site en question à plusieurs corpus. Il s'agit de rattacher la page à un ensemble d'autres pages qui abordent la même thématique.

Évaluation du trafic potentiel des mots-clés

Afin de distinguer les mots-clés principaux des secondaires sur la liste, le rédacteur doit s'intéresser au volume de recherche. En effet, tous les mots-clés ne sont pas utilisés à la même fréquence. Certains sont plus employés que d'autres par les internautes lors des recherches.

Ainsi, le rédacteur choisit comme mot-clé principal, le terme qui possède le potentiel de trafic le plus efficient, tout en étant peu concurrentiel.

Un nombre de recherches mensuelles < 1 000 est significatif, par exemple. Il est préférable d'éviter les mots-clés réunissant un trop grand nombre de recherches (> 50 000), car ils sont trop concurrentiels.

Les autres expressions, comptant un nombre de recherches mensuelles proche de celles du mot-clé choisi, sont considérées comme les mots-clés secondaires. Cependant, cette évaluation ne doit être faite que pour le choix des termes clés les plus utilisés et non pour évaluer la quantité du trafic potentiel à venir. En effet, les statistiques indiquées par Google, par exemple, sont sous-estimées, en ce sens qu'elles ne tiennent compte que des internautes ayant fait leur recherche en cliquant sur une annonce Google Ads (référencement payant ou SEA). Ainsi, toutes les recherches normales c'est-à-dire celles qui ont abouti à un clic sur un résultat de manière ordinaire sont exclues. Il s'agit là de 70 % de l'ensemble des recherches.

La stratégie de la longue traîne

L'ensemble des mots-clés à faible concurrence et dont le potentiel de trafic est vraiment bas est appelé ''longue traîne''. Ce sont des mots-clés qui comptent plus de 2 mots. Ils constituent souvent des expressions complètes comme : "comment rédiger un article de blog", "comment maigrir durablement", "louer une maison de vacances"...

Les mots-clés de longue traîne génèrent une quantité impressionnante de trafic. Ce qu'il faut retenir ici est qu'il est possible de se positionner sur une large palette de termes précis, à faible volume de recherche. En effet, à vouloir travailler à tout prix sur un panel réduit d'expressions vraiment concurrentielles, on risque de perdre beaucoup d'énergie et de temps. C'est-à-dire qu'un grand nombre de mots-clés spécifiques de faible recherche produisent plus de trafic que quelques termes clés très concurrentiels.

Quelques outils d'aide au choix de mots-clés

Il existe plusieurs outils disponibles en ligne pour effectuer une recherche des mots-clés. Ces générateurs de mots-clés sont importants pour l'amélioration du référencement du site internet.

Il suffit de taper une expression ou une série de mots, liés à la thématique abordée dans l'article, dans l'onglet du générateur. Une liste de mots-clés apparaît.

L'utilisation de cet outil est essentielle pour un rédacteur, dans le cadre de l'optimisation de ses articles. Parmi les générateurs de mots-clés qui existent, quelques-uns se distinguent particulièrement. Il s'agit de l'outil planificateur de mots-clés de Google Ads, d'Ubersuggest, de Yooda Insight. Les spécialistes en marketing privilégient Semrush, outil qui fait ressortir les mots-clés utilisés par vos concurrents. Un simple nom de domaine suffit pour effectuer une analyse SEO.

Légende : page d'accueil Ubersuggest

L'outil planificateur de mots-clés Google Ads (Google Keyword Planner) aide dans la recherche de termes clés, en les classant par ordre de pertinence. Il fournit des informations sur le volume moyen de recherches effectuées par mois. Je l'utilisais beaucoup, il y a quelques années. Je ne l'utilise plus vraiment, car je trouve les nouveaux générateurs de mots-clés plus performants. Il reste toutefois intéressant pour débuter une recherche de mots-clés.

Ubersuggest quant à lui regroupe plusieurs fonctionnalités : il permet notamment d'analyser le classement de vos concurrents. Il détermine également un score SEO utile pour le choix de mots-clés. Initialement gratuit, il présente de plus en plus de fonctionnalités payantes. Avec une interface simple et ergonomique, cet outil permet de dénicher des expressions de courte traîne, mais également des termes clés de longue traîne.

Le SEO étant un cheval de bataille pour les spécialistes en marketing, plusieurs outils d'optimisation SEO ont vu le jour ces dernières années (1.fr, yourtext guru, pour en citer quelques-uns).

Ces derniers permettent d'évaluer le score d'optimisation de vos textes, en pourcentage. Plus ce pourcentage est élevé, plus votre texte est optimisé efficacement. Ils permettent d'évaluer également si votre texte est suroptimisé, afin de pouvoir rectifier le tir (en corrigeant une répétition trop importante de certains mots-clés, par exemple ou en intégrant des mots-clés sous représentés).

Légende : page d'accueil Yooda Insight

Le ratio de mots-clés doit être d'environ 1 ou 2 %. Pour cela, vous pouvez insérer un mot-clé principal, tous les 100 mots et un mot-clé secondaire 50 mots après ce dernier.

Ce n'est pas une règle rigide. Cela établit un rapport, qui peut vous aider, lorsque vous commencez à rédiger des articles de blogs.

Le ratio de mots-clés de votre article ne doit pas atteindre 3 % ou 4 % (ou plus). Ceci afin que votre article ne soit pas pénalisé par Google, notamment.

Chapitre 8 : adopter des méthodes rédactionnelles

Déterminer votre thématique et vos sujets de rédaction

Si vous envisagez d'écrire des articles, vous avez certainement déterminé votre thématique de prédilection ou choisi un concept. Vous avez certainement un domaine d'expertise, en rapport avec vos passions ou votre secteur d'activité. Quel que soit ce dernier, soyez assuré que beaucoup de gens souhaitent s'instruire sur les sujets que vous envisagez d'aborder. Toutefois, pour rédiger des articles de blogs pertinents, vous devez être attentifs aux choix de sujets de ces derniers.

Pour choisir des sujets d'articles de blogs porteurs et d'actualité, en fonction de votre niche (domaine d'expertise choisi), vous pouvez utiliser l'outil Answer the public. Cet outil vous suggère de nombreux titres d'articles possibles, en fonction du mot-clé principal sélectionné.

Il vous soumet les interrogations/sujets tendance qui intéressent les internautes. C'est un outil très pratique, qui vous guidera dans la rédaction de vos articles de blogs. Avec cet outil, trouver un titre devient un jeu d'enfant !

Ne pas négliger la recherche documentaire

Vous avez certainement pensé à un concept. Et même sivous n'avez qu'un début d'idées et que vous êtes loin du résultat final, vous devez récolter certaines informations pertinentes ou faire des recherches approfondies pour rédiger un article de qualité. Cette étape est un prélude au processus créatif proprement dit.

Les recherches documentaires sont une démarche essentielle dans le cadre de la rédaction d'articles de blogs, même si vous rédigez sur des sujets que vous connaissez.

Je vous l'ai déjà précisé et je le répète ici. Elles vous aident à clarifier vos idées, à noter des informations supplémentaires que vous ne connaissez pas et à structurer la présentation de vos articles.

Vous pouvez ensuite condenser les résultats de vos recherches et les retranscrire de façon à ce qu'elles correspondent aux attentes spécifiques de votre public cible.

Lorsque vous écrivez sur un sujet que vous connaissez déjà, vous avez un coup d'avance.

Les recherches restent tout de même nécessaires pour remplir les lacunes relatives à ce que vous ne savez pas. Ou pour trouver des articles intéressants, afin de faire des liens liés à vos contenus. Cette étape garantit la fluidité de votre article.

Attention : il ne s'agit pas de plagier les articles que vous consultez, de les copier-coller ou de les retranscrire à votre manière. Il s'agit d'une violation des droits d'auteur. Vous devez créer un article unique, rédigé par vos soins en utilisant vos propres mots. Pour info, il existe de nombreux outils qui permettent de détecter le duplicate content ; c'est-à-dire le contenu dupliqué, copié-collé... Vous pouvez vérifier si votre texte est unique en les utilisant, avant de poster votre article de blog.

Inventer son style rédactionnel

Considérez maintenant votre style d'écriture. Comment créer un style qui saura plaire à votre audience et qui lui transmettra toute l'information nécessaire ? Quel ton convient à votre auditoire ? Comment faire lire vos articles ?

Pour commencer, vous devez prendre soin de rédiger avec qualité et précision. Collez au sujet de votre article, utilisez un vocabulaire et un ton adapté, livrez des informations correctes, vraies et vérifiées.

Évitez, autant que faire se peut, les fautes d'orthographe, de frappe ou autres (si vous en faites en cours de rédaction, ce n'est pas grave. Vous les corrigerez lors de la phase de relecture). Privilégiez les paragraphes courts et aérés. Si votre article est très technique ou professionnel, adoptez un ton professionnel. Si votre article aborde un sujet plus léger, un ton conversationnel est adapté.

Quoi qu'il en soit, l'objectif le plus important est la lisibilité. L'agencement des paragraphes et des visuels entre en ligne de compte. Il doit être harmonieux. Les visuels sont placés stratégiquement pour garder l'attention du lecteur.

Votre article doit être abordable. Ne partez pas dans des envolées lyriques ! Les lecteurs n'apprécient pas réellement de lire des articles de blogs au vocabulaire nébuleux ou trop compliqué. Misez sur la simplicité pour rendre vos articles accessibles. Privilégiez les phrases simples et courtes.

N'hésitez pas à vous mettre à la place du lecteur !

Rédiger un article de blog, étape par étape

Pour vous aider à appréhender la rédaction d'articles de blogs, vous pouvez conserver la directive suivante en ligne de mire pendant tout le processus d'écriture.

Voici quelques règles à suivre lorsque vous rédigez :

- Effectuez votre recherche de mots-clés

- Sélectionnez les plus intéressants (cf paragraphe recherche de mots-clés)

- Notez-les sur votre fichier de rédaction

- Effectuez ensuite votre recherche documentaire. Afin d'éviter de vous éparpiller, sélectionnez deux à trois sources fiables (sites reconnus, officiels ou tenus par des spécialistes), afin de prendre des notes. À titre d'exemple, étant spécialisée en rédaction santé, je me base sur des sites de données scientifiques ou des sites de magazines santé reconnus (avec interviews de professionnels).

- Lisez et relisez bien les articles sources afin de comprendre et bien maîtriser le sujet. En fonction de vos connaissances de base et de votre expertise, cette étape est importante. Elle vous permettra de restituer les informations étudiées correctement.

- Envisagez ensuite une structure narrative afin d'écrire plus facilement et rendre votre article plus attrayant et engageant

Vous allez ensuite vous attaquer à la phase de rédaction proprement dite :

- Créez un nouveau fichier texte (Word, Open Office)

- Rédigez les idées qui vous passent par la tête, et écrivez votre texte d'un bloc. Ne vous bridez pas. Cette première étape est importante. Le résultat de cette séance constitue votre premier jet. Après votre premier jet, attendez plusieurs heures. Reprenez ensuite la rédaction en recoupant les informations notées avec vos notes. Suivez votre plan, regroupez les informations qui appartiennent au même thème, afin de constituer les sous-parties. Pour cela, il suffit de relier les phrases évoquant la même partie du sujet entre elles.

- Divisez les grands paragraphes écrits en plusieurs petits paragraphes (3 à 4 lignes maximum). Cela améliore la lisibilité de votre article.

- Au cours de votre rédaction, parlez directement au lecteur (expliquez les termes compliqués, utilisez le "vous", etc.)

- Terminez les paragraphes et les phrases sur des accroches ou des questions pour que le lecteur ait envie de passer tout de suite à la section suivante.

Sous votre plume, votre plan se transforme en phrases structurées et paragraphes. En retravaillant la première mouture de votre article, vous réussissez à obtenir un article de blog complet et travaillé. Ces petites techniques permettent de rendre votre article le plus captivant que possible.

Au final, votre article de blog doit comprendre :

- Une méta description : d'environ 150 caractères. C'est la description du sujet de votre article, qui l'illustre au niveau des résultats des pages de recherche.

- Une balise title : 60 caractères maximum

\<h1\>Titre de l'article contenant 1 mot-clé principal\</h1\>

- Un chapô : il contient les infos principales du texte, doit inciter le lecteur à lire la suite de l'article. Le chapô compte généralement 150 à 160 caractères.

- Une introduction : insérer un mot-clé principal dans le premier paragraphe et au moins deux mots-clés dans l'introduction complète. Certains rédacteurs utilisent le chapô à titre d'introduction.

- Plusieurs sous-titres sous forme de balise H2, suivis de paragraphes : les titres et sous-titres doivent comprendre environ 70 caractères. Ils ne doivent être ni trop longs, ni trop courts. Pensez à répartir les mots-clés selon le ratio présenté dans la partie optimisation :

\<h2\>sous-titre\</h2\>

- paragraphe 1
- paragraphe 2

- paragraphe 3...

<h2>sous-titre avec mot-clé principal</h2>

- paragraphe 1
- paragraphe 2

<h2>sous-titre avec mot-clé secondaire</h2>

- paragraphe 1
- paragraphe 2

Chaque sous-titre peut encore être divisé en sous-partie, de <h3>, jusqu'à <h6>.

- une conclusion et une phrase incitative. Ces 2 éléments clôturent l'article. La phrase d'incitation doit pousser le lecteur à faire une action (liker, commenter, s'abonner à une newsletter...).

Si la partie de structuration vous semble difficile au départ, vous constaterez qu'avec la pratique, elle vous paraîtra de plus en plus évidente. Votre écriture deviendra de plus en plus intuitive.

Lire votre article à voix haute est un bon moyen d'évaluer sa lisibilité. En utilisant cette technique, vous vous rendez compte assez facilement que certains passages sont bancals. Il vous suffit alors de les réécrire.

Voici l'exemple d'un article de blog rédigé, puis mis en ligne :

> *Méta description : Saviez-vous que certains nutriments et composés essentiels contribuent à préserver la mémoire ? Plus d'infos dans notre article dédié au sujet !*

<h1>Quels compléments alimentaires pour stimuler la mémoire ?</h1>

La concentration ou la mémoire, se dégradent progressivement, au fil des ans. Certains éléments nutritionnels permettent de les préserver. Ces nutriments peuvent être consommés à l'aide de compléments alimentaires. Quels **compléments alimentaires mémoire** faut-il privilégier ?

<h2>Une dégénérescence naturelle</h2>

Le vieillissement provoque une dégénérescence des fonctions cognitives. À partir de 60 ans, il n'est pas rare de constater des troubles de la mémoire et de l'attention, chez les individus.

Afin de retarder les effets du vieillissement, on peut miser sur les bienfaits de certains éléments naturels. En effet, la consommation de certains aliments procure des bienfaits assurant la préservation des fonctions mémorielles. Il est également possible d'utiliser des **compléments alimentaires mémoire** pour pallier les carences.

<h2>Quels nutriments et vitamines pour la mémoire consommer ?</h2>

Pour préserver la mémoire, il faut privilégier les éléments suivants :

les oméga 3, acides gras qui renforcent la structure des neurones

le zinc : permet de préserver les fonctions cognitives

les vitamines du groupe B (B1, B6, B9, B12) jouent un rôle dans la synthèse d'un neurotransmetteur : l'acétylcholine. Ces **vitamines pour la mémoire** agissent dans le maintien des fonctions neuronales, primordiales dans le processus de mémorisation.

le fer : favorise le transport d'oxygène vers les cellules cérébrales

le ginseng : plante médicinale qui améliore les fonctions cognitives et la concentration

le ginkgo biloba : les feuilles de cet arbre contiennent des composants qui stimulent les fonctions cérébrales et préservent la mémoire.

<h2>X : un **complément alimentaire mémoire** efficace</h2>

> Le complément alimentaire X contient du ginseng et du zinc, éléments favorisant la vitalité intellectuelle, la mémoire et la concentration. Enrichi en vitamines et minéraux, ce **complément alimentaire mémoire** est adapté pour les seniors âgés de plus de 50 ans. Cet allié quotidien stimule les capacités mémorielles et la vitalité.

Il s'agit d'un article de blog court (300 mots), destiné à promouvoir un complément alimentaire (signifié par X). On y retrouve les principales parties structurant un article avant mise en ligne. Les mots-clés principaux et secondaires sont visibles en gras. Soyez attentifs à la présentation, afin de reproduire l'exercice. Un article doit être aéré, structuré et clair pour être agréable à lire. Notez que lorsque l'on énumère une liste de caractéristiques, on privilégie l'usage des listes à puces. Cela privilégie une présentation aérée qui a pour but de conserver l'attention du lecteur.

En finir avec le syndrome de la page blanche

L'autre grand défi, lorsqu'il s'agit d'écrire un article de blog, est de faire face au redoutable "syndrome de la page blanche". Cela fait partie du processus créatif. Vous devrez assurément affronter et surmonter ce problème, un jour ou l'autre. Mais sachez que tous les auteurs y font face, à un moment ou à un autre.

Que faire lorsque vous ne savez pas quoi rédiger ?

Eh bien, lorsque vous éprouvez des difficultés à écrire, envisagez de changer le format, la façon dont vous introduisez le sujet ou comment vous commencez le sujet de cet article.

Entraînez-vous ! Adoptez une routine d'écriture ! En vous habituant à rédiger sans interruption pendant de longues périodes ou quelques minutes, régulièrement, vous écrirez plus facilement avec le temps !

Travailler sur vos contenus doit être amusant, lorsque vous maîtrisez les règles de la rédaction web, car vous ne devez avoir en tête que la manière dont sera perçu votre article de blog.

Écrivez comme si vous racontiez une histoire à quelqu'un qui veut l'entendre et gardez à l'esprit ce que vous essayez de faire comprendre.

La plupart des rédacteurs conservent des carnets remplis de notes, de coupures, de références... Tous ces aide-mémoire vous permettent de noter des sujets d'articles, des idées, des titres, des paragraphes... Assurez-vous d'avoir toujours un stylo et du papier à portée de main pour pouvoir prendre des notes, à tout moment. À l'heure actuelle, beaucoup se servent d'un smartphone pour cela, mais personnellement je préfère le faire à l'ancienne. Un carnet et un stylo en permanence sur soi : voilà l'un des secrets de la productivité.

Si vous êtes comme moi, c'est le processus d'écriture qui vous galvanise. En rédigeant des articles de blogs sur les sujets qui vous passionnent, vous pouvez vraiment briller par votre champ de connaissances, par votre envie d'écrire des articles destinés à être partagés par le plus grand nombre.

Chapitre 9 : Créer des contenus : quelques principes à suivre

Ce n'est un secret pour personne : la principale chose qui incite les visiteurs de votre blog à revenir pour en savoir plus est votre contenu. Le problème principal est que de nombreuses personnes ne savent tout simplement pas *comment* créer du contenu de qualité.

Nous allons aborder trois points qui vous aideront à créer du contenu adapté :

- Les sujets
- Les types d'articles
- Le style

Les sujets

Essayez de trouver des sujets à la fois intemporels et à la mode pour vos messages. Vous pouvez utiliser diverses techniques pour ce faire.

N'hésitez pas à jeter un oeil aux blogs tenus par vos concurrents !

Les articles qui génèrent le plus d'interaction sont généralement ceux qui abordent des sujets populaires. Une simple recherche sur le net vous permettra de déterminer les articles qui font le buzz.

Ne pas négliger les réseaux sociaux

Les hashtags sont une source d'information essentielle. L'outil Hashtagify (https://hashtagify.me/) permet d'effectuer une analyse approfondie des articles présents sur les réseaux sociaux. il permet de faire ressortir les hashtags les plus populaires.

Observer les différents marchés

Même si vous offrez des fichiers (articles, ebooks), vous avez la possibilité de découvrir le contenu que les gens veulent VRAIMENT en effectuant une simple analyse de marché.

Amazon, par exemple, est une marketplace inévitable en matière de contenu. Les sujets en vogue sont reflétés par les meilleures ventes d'ebooks, par exemple.

Demander à votre audience

N'hésitez pas à vous tourner vers vos abonnés pour sonder d'éventuels sujets d'articles ! Ils peuvent même vous soumettre des titres d'articles à rédiger.

Types d'articles

Le point important que vous devez maintenant examiner est celui du type d'articles que vous allez écrire. Fort heureusement, la variété est de mise, dans ce domaine. Vous pouvez choisir une série de formats différents, sélectionner ceux qui plaisent le plus à votre public.

Jetons un coup d'œil à certains des types les plus populaires :

- les articles "Comment faire". C'est le genre d'article qui décrit une méthodologie *étape par étape*, par exemple : "Comment installer Wordpress en 5 étapes." Très apprécié par les internautes.

- les articles de conseils. En général, des articles courts expliquant une ou plusieurs astuces :"10 activités sportives nécessitant peu de matériel."

- les listes : "7 aliments pauvres en glucides" ou "3 exercices pour perdre du ventre"

- les foires aux questions ou FAQ. Dans ce type de contenu, vous répondez à quelques questions fréquemment posées sur un sujet particulier.

- des tests et/ou comparaisons de produits. Idéaux pour assurer la promotion d'un produit/service auquel vous êtes affilié. "Test complet du téléphone X".

- des articles destinés à motiver ou inspirer vos lecteurs. Vous racontez une expérience personnelle ou racontée pour inciter les lecteurs à passer à l'action ou à s'enthousiasmer pour une tâche ou un événement.

- des articles d'opinion. Ils visent à établir un rapport émotionnel avec l'auditoire (billet d'humeur ou éditorial). C'est un exercice délicat.

Le style

Avant de commencer à rédiger du contenu pour votre blog, réfléchissez à ce qui fera l'originalité de votre style, à votre tonalité.

Qu'est-ce qui rend votre style d'écriture original ? Par exemple, quelle sorte de vocabulaire utilisez-vous ? Quel *rythme* imposez-vous, par le biais de votre écriture ? Aimez-vous insérer beaucoup d'astuces et d'exemples ? Ce qui compte, c'est d'étudier votre écriture pour voir comment vous pouvez naturellement capitaliser sur la façon dont vous écrivez.

Quels sont les sujets pour lesquels vous êtes particulièrement qualifié pour parler ? Concentrez-vous sur des sujets où vous pouvez ajouter une touche d'originalité, comme le partage d'histoires personnelles et de conseils.

Votre écriture est-elle claire et concise ? Évitez les divagations.

Utilisez-vous un ton conversationnel dans votre écriture ? Écrivez-vous comme vous parlez ?

Décrivez-vous en cinq adjectifs. Ensuite, vérifiez si ces adjectifs transparaissent dans votre écriture. Si vous êtes dynamique, vous pouvez jouer sur la ponctuation (phrases courtes, utiliser les points d'exclamation).

Qui est votre lecteur idéal ? Énumérez tout ce que vous savez sur cette personne (goûts, aversions, espoirs, craintes, démographie, etc.).

Votre style ne sera pas le même si vous rédigez un billet d'humeur ou un article technique professionnel. Le ton sera plus familier dans le premier, plus factuel et précis dans le second. Sachez toutefois qu'après quelques mois de pratique, vous vous approprierez un style d'écriture personnel.

En ce qui me concerne, j'utilise régulièrement les points d'exclamation au sein de mes éditoriaux. J'utilise également les parenthèses, pour expliquer ma pensée ou des notions scientifiques de manière simple, dans des articles santé.

A vous de choisir les expressions, modes de rédactions qui vous correspondent !

Chapitre 10 : l'intégration des articles de blog

Lorsque la rédaction est terminée et que votre texte est présenté sous format HTML ou avec les balises méta, vous pouvez directement l'intégrer dans un système de management de contenu ou CMS. Ainsi, votre article pourra être visible et accessible online (en ligne).

La démocratisation de la gestion de contenus

Avec l'évolution que connaissent les technologies de l'information et de la communication à travers le monde, le web est devenu un outil de visibilité incontournable. Il devient donc très fréquent de ressentir le besoin de créer un site web ou un blog, que ce soit pour des raisons professionnelles ou autres. Cependant, la réussite de cette étape est conditionnée par le choix du logiciel de création de sites. Ce logiciel est communément appelé CMS. J'ai utilisé plusieurs fois cette expression, mais il est temps de se pencher sur la question. Car, après avoir rédigé vos articles de blogs, vous devrez les intégrer, afin de les mettre en ligne.

Qu'est-ce qu'un Content Management System (CMS) ?

Quand on parle de Content Management System souvent appelé CMS, on fait allusion à un programme de gestion de site internet. C'est avec ce logiciel que l'on arrive à créer, modifier et publier du contenu sur un site web : textes, images, illustrations, etc.

De plus, ces logiciels sont conçus suivant différents domaines d'application. Au nombre de ces champs d'application, ceux dont les besoins se font sentir le plus sont : les réseaux sociaux, la gestion de contenu web et finalement les publications de blogs.

Il existe des CMS qui proposent des plug-ins aux utilisateurs. En effet, les plug-ins ne sont rien d'autre que de petits logiciels complémentaires. Ils permettent aux développeurs d'intégrer de nouvelles fonctionnalités qui peuvent s'avérer utiles.

Les CMS sont des logiciels qui permettent à plusieurs acteurs de collaborer, en parallèle. Plusieurs rédacteurs peuvent intervenir sur un même blog. Le choix de programmes personnalisés s'avère être, parfois, une tâche compliquée à réaliser, car il existe plus de 250 CMS à travers le monde. Les plus utilisés pour créer des blogs sont Wordpress, Drupal, Joomla…

C'est à vous de sélectionner le CMS qui vous convient le mieux, en fonction de ses fonctionnalités.

Chapitre 11 : Comment attirer des lecteurs ?

Lorsque votre blog a été mis en ligne et que vous avez commencé à rédiger des articles, l'étape suivante consiste à trouver et fidéliser des lecteurs. Il existe diverses façons d'obtenir du trafic mais elles ne se valent pas toutes. Voici des actions *simples* à mettre en place, pour attirer des lecteurs.

Devenir blogueur invité

Cette idée est simple mais très efficace : placer vos contributions sur les blogs d'autres personnes. Voici comment procéder :

Étape 1 : Trouver des blogs pour poster des articles invités

Une recherche sur Google vous permettra de trouver des blogs qui postent des articles invités. Vous pouvez rechercher vos mots-clés (santé, nutrition ou mode femme) en ajoutant ces termes :

- Blogs acceptant les messages d'invités.

- Soumettre du contenu

- Articles d'invités

- Lignes directrices pour la soumission d'articles.

Privilégiez les blogs qui disposent déjà d'une bonne visibilité afin d'en profiter vous-même.

Étape 2 : Rédiger les articles à soumettre

Une fois que vous avez trouvé un blog auquel vous aimeriez soumettre un article, rédigez votre contenu. Consultez les archives du blog pour savoir quel type de contenu est publié, puis rédigez un article inspirant sur la thématique abordée. Si le genre d'articles postés est basé sur des tops listes, proposez une top list également.

Étape 3 : Créez votre signature

Enfin, n'oubliez pas d'ajouter un lien et un appel à l'action dans la signature de votre article. Par exemple, "Découvrez divers articles de la même thématique en suivant ce lien...".

Miser sur la publicité payante

Une autre façon simple de générer du trafic vers votre blog est d'acheter de la publicité en utilisant des annonces Facebook ou Google Ads. La clé de cette stratégie est de s'assurer que vous réduisez votre auditoire pour le rendre aussi ciblé que possible. Par exemple, si vous utilisez une plateforme de paiement au clic, choisissez des mots-clés très spécifiques (par exemple, "rédacteur santé"). Veillez à rédiger une annonce convaincante pour obtenir de nombreux clics.

Utiliser les réseaux sociaux

Pour obtenir du trafic vers votre blog, vous pouvez diffuser le lien sur les réseaux sociaux. Vous pouvez également le faire sur vos pages personnelles ainsi que dans les groupes lorsque cela est autorisé.

Voici quelques conseils pour obtenir plus de trafic via les réseaux sociaux :

- Utilisez des hashtags pertinents et tendances pour attirer plus de visiteurs

- Affichez une grande variété de contenus (images, vidéos, sondages…) pour voir ce à quoi votre public répond

- Posez des questions pour que les gens commentent vos messages. Par exemple, "Qu'en pensez-vous ?"

- Encouragez les gens à partager les liens de votre blog avec leurs amis. Par exemple, "Partagez cet article d'un simple clic !"

Chapitre 12 : entraînez-vous !

Pour vous faire la main, je vous livre ce que je conseille aux aspirants rédacteurs web et aux personnes qui désirent rédiger des articles de blogs qui se tournent vers moi.

Commencez par rédiger un texte évoquant ce que signifie rédiger des articles pour vous ! C'est un texte abordable qui vous permettra d'évoquer votre passion.

Écrivez un texte non structuré, au départ, reprenant toutes les idées qui vous passent par la tête.

Laissez le reposer un après-midi ou plusieurs heures et reprenez-le ensuite. Vous avez alors rédigé un texte simple.

Seconde étape : effectuez une recherche de mots-clés en tapant "rédaction", "rédiger pour le web", "rédiger des articles de blogs" dans la barre de recherche d'un générateur de mots-clés (Ubersuggest, Yooda insight, Google Ads).

Sélectionnez les mots-clés que vous allez utiliser au cours de la rédaction.

Rédigez votre texte. Structurez-le en sous-parties, comme nous l'avons évoqué plus tôt. Rédigez des intertitres/sous-titres pour cela.

Insérez ensuite les mots-clés, au cours de la rédaction, ou lorsque votre texte est terminé, si c'est plus facile pour vous. N'oubliez pas la répartition stratégique évoquée (mot-clé principal dans le titre, dans l'introduction, dans au moins un sous-titre…).

Vérifiez l'orthographe de votre texte à l'aide d'un correcteur orthographique, puis relisez votre article plus tard. Vous avez rédigé un article web optimisé SEO ! Comparez votre article avec ceux rédigés par des rédacteurs web professionnels, sur le même sujet, sur des sites/blogs reconnus.

Passez à l'action, enfin !

Dans ce bas monde, soit on s'améliore soit on stagne (dans le meilleur de cas…). Il n'y a pas de juste milieu.

Si vous restez immobile, ne prenez aucune initiative et n'engagez aucune action, vous ne progresserez pas. C'est malheureusement un point qu'il faut comprendre pour aborder les chemins de la réussite. Nous sommes nombreux à être passés par ce stade.

Cet ebook a pour objet de vous aider à sauter le pas, de vous encourager à rédiger vos premiers articles de blogs, car ce n'est pas une chose impossible. Dépassez le syndrome de l'imposteur ! Vous êtes capable d'écrire un article de blog pertinent, agréable à lire et qui attire de nombreux lecteurs. Mais vous ne le saurez jamais si vous n'essayez pas. Vous avez toutes les cartes en main, dorénavant. Alors lancez-vous, n'hésitez plus !

Quelques outils utiles

Outils de recherche de mots-clé/Analyse SEO et champ sémantique

Outil de planificateur de mots-clés Google Ads

Ubersuggest

Yooda Insight

SemRush

1.fr

your text guru

Answer the public

CMS

Wordpress

Drupal

Joomla

Outils de vérification duplicate content :

Duplichecker

Quetexte

Copyscape

Correcteur orthographique :

Scribens.fr

Antidote (outil professionnel)

Si vous souhaitez me soumettre des suggestions d'amélioration de cet ebook ou bénéficier de séances de coaching (je corrige vos articles de blogs et vous donne des conseils pour améliorer votre rédaction), contactez-moi a l'adresse mail suivante : s.biodore@gmail.com

Mes réseaux :

Retrouvez-moi sur mon site internet !

Linkedin : https://www.linkedin.com/in/sabrinabiodore/

Facebook : https://www.facebook.com/SBiodore/

Twitter : @sbiodore

Les visuels visibles dans cet ebook sont libres de droits (source : Pixabay)

ISBN : 9798676415006

©*2020 Tous droits réservés. Aucune partie de ce livre ne peut être reproduite, sous quelque forme que ce soit, sans la permission écrite de l'auteur.*

Printed in France by Amazon
Brétigny-sur-Orge, FR